すがたをかえる食べもの ❶ 大豆がへんしん！
すがたをかえる食べもの ❷ 米がへんしん！
すがたをかえる食べもの ❸ 麦がへんしん！
すがたをかえる食べもの ❹ 牛乳がへんしん！
すがたをかえる食べもの ❺ とうもろこしがへんしん！
すがたをかえる食べもの ❻ いもがへんしん！
すがたをかえる食べもの ❼ 魚がへんしん！

1

すがたをかえる食べもの ①

監修　香西 みどり

Gakken

すがたをかえる食べもの①
大豆がへんしん！

もくじ

大豆のこと知ってる？	4
み〜んな「大豆」からできているんだ！	6
へんしん! とうふ（しぼって固める）	8
とうふいろいろずかん	10
さらにへんしん! 油あげ（あげる）	12
へんしん! 豆乳（煮てしぼる）	14
さらにへんしん! 湯葉（まくをすくう）	15
へんしん! いり豆（いる）	18
さらにへんしん! きな粉（粉にする）	19
へんしん! 煮豆（煮る）	20
へんしん! 大豆油（油をしぼり取る）	21
育てかたでへんしん! 枝豆（早めに収穫する）	22
育てかたでへんしん! 豆もやし（暗いところで育てる）	23

菌の力で大へんしん！ ………………………… 26

へんしん！ しょうゆ（こうじ菌の力をかりる1）……… 28

しょうゆいろいろずかん ………………………… 30

へんしん！ みそ（こうじ菌の力をかりる2）………… 32

みそいろいろずかん ………………………………… 34

へんしん！ 納豆（納豆菌の力をかりる）…………… 36

納豆いろいろずかん ………………………………… 38

大豆のほかにもあるよ！ へんしんする豆 …… 42

小豆、緑豆 ……………………………… 44、45

発表のアイディアをまとめよう！ ………… 46

食べものの豆ちしき

1 大豆の歴史 ……………………………… 16
2 世界のとうふ料理や豆料理 …………… 24
3 いまどきの大豆へんしんニュース …… 40

この本を読むみなさんへ

お茶の水女子大学教授
監修　香西 みどり

　この本では、いつもみなさんが口にしている身近な食べものが、どんなふうに手を加えられて、そのすがたに「へんしん」していくのかを、たくさんの写真やイラストを使って紹介しています。
　食べものが、工場や家庭で「へんしん」していく様子を追っていくと、きっと、これまで以上に食べものに興味がわいてくるはずです。また、「へんしん」した食べものを、実際に食べてみたくなるかもしれません。食べものの世界は、のぞいてみると、じつはとても奥深くて面白い世界なのです。さあ、この本をきっかけに、みんなで食べものを楽しんでみましょう。

大豆のこと知ってる？

この豆知ってる？　そう、大豆。
節分にまいたり、煮豆にして食べたりするよね。でも、それだけじゃない。
大豆はすがたをかえ、大へんしんして、みんなの生活にとけこんでいるんだ。

黄大豆

丸くて、かたい、小さな豆。この黄大豆がいちばんよく見る大豆だよ。

ここは「へそ」！
ゆでるときここから水をすうよ。

小さいね！

ツヤツヤに煮てね。

こっちの豆もボクのなかま。

黒大豆

黒い大豆だから「黒豆」ともよばれているよ。おせち料理の黒豆もこの大豆だ。

青大豆

「緑大豆」や「ひたし豆」ともよばれている、緑色の大豆だよ。

大豆はダイズという植物の種。

1 畑で育つ。

ここがボクのふるさとか。

2 小さなむらさき色の花が咲く。

さやがふくらんできた。

3 花がかれてやわらかい実ができる。

4 葉がかれて落ちたら……

かたくて茶色い豆になったよ。

大豆がとれた！

み〜んな「大豆(だいず)」から

大豆(だいず)は、こんなにさまざまな食(た)べものに大(だい)へんしんするよ。
さあ、これからへんしんのようすを、いっしょに見(み)ていこう！

へんしん！
しぼって固(かた)める
とうふ
8 ページ

へんしん！
あげる
油(あぶら)あげ 12 ページ

へんしん！
まくをすくう
湯葉(ゆば)
15 ページ

煮(に)てしぼる
豆乳(とうにゅう)
14 ページ

へんしん！
粉(こな)にする
きな粉(こ) 19 ページ

煮(に)る
煮豆(にまめ) 20 ページ

いる
いり豆(まめ)
18 ページ

できているんだ！

へんしん！
油をしぼり取る
大豆油
21ページ

へんしん！
納豆菌の力をかりる
納豆　36ページ

へんしん！
こうじ菌の力をかりる
みそ　32ページ

へんしん！
こうじ菌の力をかりる
しょうゆ
28ページ

へんしん！
暗いところで育てる
豆もやし
23ページ

へんしん！
早めに収穫する
枝豆
22ページ

しぼって固める
とうふ

かたい大豆が、白くてぷるぷる、やわらかいとうふに大へんしん！ いったいどうやってすがたをかえていくのかな？

おからについては14ページを見てね！

とうふ作りには豆乳のほうだけ使うよ！

これが豆乳だ！

スタート！

いってきまーす！

ひとばんひたした大豆。

1 大豆を水にひたす

ひとばん水にひたすと、水をすって2ばい以上にふくらむんだ。

3 豆乳をしぼり取る

煮た呉を機械でこしてしぼり、「豆乳」と「おから」に分ける。

この中で呉を約100度で蒸し煮するよ。

ふくらんだ！

これが「呉」！

2 すりつぶして蒸し煮する

水を加えながら大豆を機械ですりつぶす。これを「呉」というよ。

8

これが「にがり」！

ぐるぐる

にがりとは、海水から塩を取ったあとに残る液体のこと。

一度くずして入れるんだね！

4 にがりを加える

豆乳を75度くらいにあたため、にがりを加えると、少しずつ固まっていくよ。

5 型箱に入れる

固まりはじめたとうふを、型箱に入れる。

ちなみに…
豆乳とにがりを型箱に入れ、重しをせずに固めると、つるっとした「きぬごしどうふ」になるんだよ。

ズシッ

とうふの水がぬけて少しかたくなるんだ。

6 重しをのせておし固める

型箱に布をかけ、ふたをして重しをのせる。

真っすぐ切れた！

トンッ

7 切り分けて冷やす

大きな四角いとうふを切り分けたら、水の中に入れて冷やすよ。

気持ちよさそー。

ひんやーり

もめんどうふの
できあがり！

9

ずかん

とうふいろいろずかん

「もめんどうふ」と「きぬごしどうふ」がおなじみのとうふ。
でも、じつはほかにもたくさんのとうふがあるんだ。

どれも
おいしそう。

✱ もめんどうふ

8〜9ページでしょうかいしたとうふだよ。布をしいた型箱に入れて、重しなどでギュッとおして水分を出すから、かためのとうふになる。

昔はもめんの布を使っていたからこうよばれているよ。

表面には布のあとがあるよ。

✱ きぬごしどうふ

もめんどうふのように重しで水切りはせず、そのまま型箱で固めたものがこのとうふ。水分が多いからやわらかく、つるんとしてプリンみたいな食感だよ。

きぬごしというけれど、きぬの布は使わないよ。

✱ 焼きどうふ

水切りしたもめんどうふの表面をガスバーナーなどで焼いて、こげ目をつけたとうふ。くずれにくいので、すき焼きやなべもの、田楽にぴったり。もともとは炭火で焼いていた。

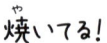
焼いてる！

ずかん

✻ こおりどうふ
とうふを一度こおらせてから、かんそうさせて水分をぬき、からからのスポンジのようにしたもの。水でもどして使うよ。

和歌山県の高野山で作られていたので「高野どうふ」ともよばれる。

✻ かたどうふ（石川県など）
大きくて水分が少ないかためのとうふ。煮たり、いためたりする料理に向いている。

✻ こもどうふ（岐阜県など）
とうふをわらや巻きすなどに包んで、蒸したり、ゆでたりしたもの。味がしみこみやすいので、煮ものなどに向いている。

✻ いぶりどうふ（岐阜県など）
日持ちするように、みそやしょうゆをぬったとうふをくんせいにしたもの。あっさりしたスモークチーズのようなできあがり。うすく切って食べる。

✻ とうふちくわ（鳥取県）
水を切ったもめんどうふに、魚のすり身をまぜこんで蒸したもの。ちくわよりやわらかい。

✻ とうふよう（沖縄県）
島どうふ（かたどうふ）を、こうじと泡盛という強い酒につけこみ、発酵させたもの。チーズのような味わい。

とうふだけど、とうふじゃない!?

名前に「とうふ」とついているけれど、大豆が使われていないものがあるよ。

たまごどうふ

たまごにだし汁を入れて、蒸して固めたもの。水分が多くてやわらかいから、とうふにそっくり。

ごまどうふ

練りごまにかたくり粉やくず粉と水をまぜて火にかけ、型に入れて固めたもの。

さらにへんしん！

あげる
油あげ

とうふを油であげると、みそ汁の具やいなりずしでおなじみの「油あげ」にへんしん！かためのもめんどうふを使って作るんだ。

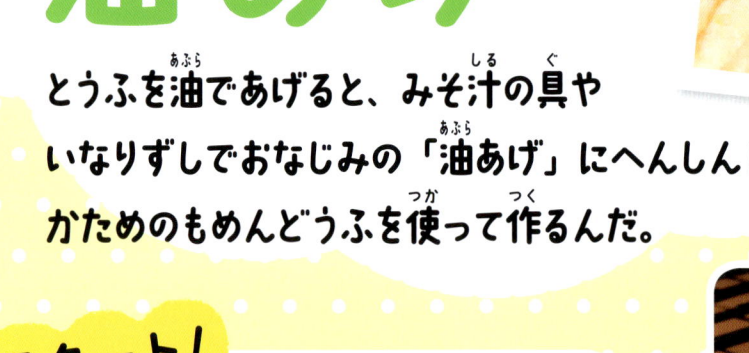

スタート！

1 とうふをうすく切る
油あげ用に作った、かためのとうふをうすく切って、水を切る。

少しずつふくらんできたよ。

モコッ

2 あげる
はじめは水をぬくために110度くらいの低温で、じっくりあげる。

あちち…！

上からおさえて平らにととのえて。

ジュッ！

3 もう一度あげる
今度は200度に近い高温で、もう一度あげるよ。

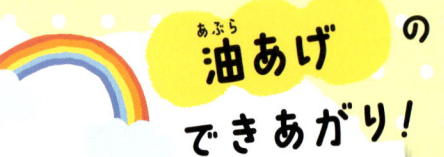

油あげの できあがり！

こんがり、きつね色になった！

12

いろいろくらべてみよう！

＊京あげ
京都で作られている油あげ。とっても大きい。

で、でっかい！

＊うすあげ
ふつうの油あげ。

＊栃尾油あげ
新潟県栃尾地方で作られている油あげ。あつみがあるけど、中はやわらかいのがとくちょう。

＊関西油あげ
正方形の油あげ。ななめ半分に切って、三角形のいなりずしを作る。

地域によってもちがうんだね。

油あげのなかまたち

きぬごしどうふをあげたものと、もめんどうふをあげたものがあるよ。

厚あげ
あつめに切ったとうふを水切りして、200度くらいの油で1回だけあげたもの。中はとうふみたいだよ。おでんに入れたり、いためものや煮ものに使ったりするよ。

がんもどき（がんも）
水を切ったとうふをくずし、すり下ろしたやまいもや、にんじん、ごぼう、こんぶ、しいたけなどをまぜこんで丸め、油であげたもの。

へんしん！
煮てしぼる 豆乳

そのまま飲んだり、料理に入れたり。牛乳のように使えるよ！

豆乳のできあがり！

すりつぶした大豆を煮て、しぼったものが豆乳。
とうふを作るとちゅうにできるよ。
豆乳の作りかたを見てみよう。

スタート！

1 大豆を水にひたす
大豆をひとばん水につけておくよ。

2 すりつぶして蒸し煮する
水と大豆を機械に入れてすりつぶし、蒸し煮する。

3 煮た大豆をしぼる
煮た大豆をこして、しぼる。最後によけいなあわを取りのぞく。

おからにも注目！

煮た大豆をしぼったあとに残るのがおから。カルシウムや食物せんいなど栄養たっぷりで、いろいろな料理に使えるよ。

これが「おから」

おからがへんしん！

＊卯の花

＊おからケーキ

豆乳がさらにへんしん！
まくをすくう 湯葉

豆乳をあたためると、表面にうすいまくができる。
これをすくい上げたものが湯葉なんだ。

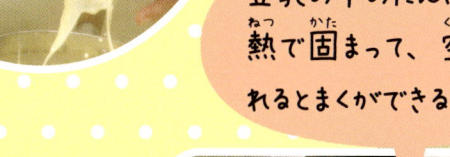

もうできた！

ふくろに入れて、冷水ですぐに冷やせば、くみ上げ湯葉のできあがり！

豆乳の中のたんぱく質が熱で固まって、空気にふれるとまくができるんだ。

スタート！

1 豆乳をこす
大豆を煮てしぼった豆乳を、こしながら、湯葉おけに流しこむ。

そ〜っと…

2 豆乳をあたためる
おけをあたため、温度が上がらないうちに、表面にできたやわらかな湯葉をそっとつまみ上げて、器にうつす。

プロの技！

3 まくをすくい取る
くみ上げ湯葉をすくったあと、温度が上がってくると、表面にうすいまくが張る。これを、竹ぐしで引き寄せて、そっと引き上げる。

湯葉のできあがり！

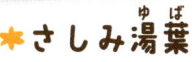
* さしみ湯葉

* 湯葉巻き

こんな料理にへんしん！

よしっ！

4 湯葉を重ねる
竹ぐしにかけたまま熱を取り、かんそうする前にすばやく重ねて包装する。

食べものの豆ちしき 1

大豆の歴史

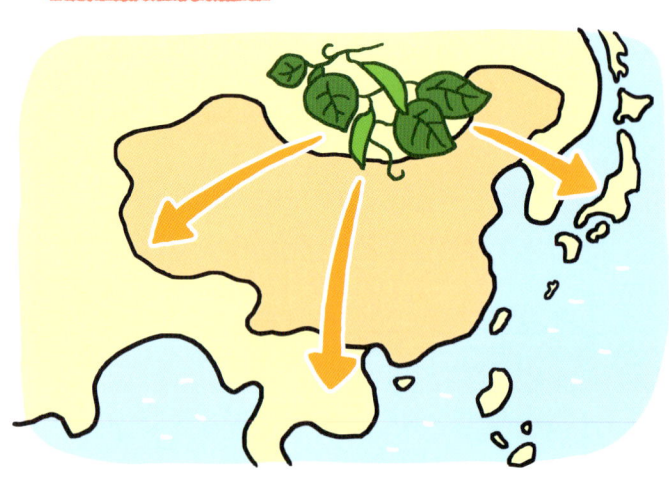

3000年ほど前に日本へ

大豆は、4000年以上前には、中国で広く栽培されていた。そして3000年ほど前に、朝鮮半島を通じて、日本に伝わったとされている。ただ、それよりずっと前の時代の遺跡からも、土器にうめこまれた大豆のあとが見つかっていて、伝わった時期ははっきりしないんだ。

納豆やみそ、しょうゆが伝わる

今から1500年ほど前、中国から大豆の加工技術と加工品が伝わった。1200年以上前に書かれた日本でいちばん古い歴史書『古事記』にも、大豆のことが書かれていたよ。納豆やしょうゆ、みそもこのころから食べられていたと考えられているよ。

ヨーロッパへ

大豆がヨーロッパに伝わったのは、300年ほど前。ドイツの植物学者が日本から持ち帰ったといわれているよ。
でも、ヨーロッパの土が大豆の栽培に向かなかったことなどから、その後しばらくは栽培が広まらなかったんだって。

アメリカへ

アメリカ大陸に伝わったのは、今から250年くらい前。はじめは食べるためではなく、家畜の飼料として栽培されていたんだ。

> アメリカは、今では世界でいちばんたくさん大豆を作っているんだよ。

大豆のもとは東南アジアに自然にはえている「ツルマメ」という植物だったと考えられている。いつ日本に伝わったのかな？
加工品はいつから食べられていたのかな？　大豆の歴史を見てみよう！

栽培がはじまって、日本中に広まった

800年くらい前、日本でもいろいろな地域で大豆の栽培が広まった。その時代は肉を食べることが禁止されていたから、みそや納豆から「たんぱく質」という栄養をとっていたんだ。武士たちの戦の保存食としても、欠かせないものだったんだよ。

いろいろな加工品が作られるようになった

現在では、みそやしょうゆ以外の加工品も作られるようになった。消化吸収のよいものや保存性を高める加工の技術も発達し、大豆は今や日本人になくてはならない食材になったんだよ。

大豆は健康食品

1000年以上も前の『医心方』という医学書には、大豆はいろいろな病気にきく薬として登場する。今でも大豆や大豆の加工品は、健康食品として世界中で人気だよ。

17

へんしん！

いる
いり豆

いちばんかんたんに大豆を食べる方法が「いり豆」。節分のときにまくあの豆だ。口に入れればカリッとこうばしさが広がるよ。

おには〜外！
福は〜内！

いり豆のできあがり！

スタート！

1 大豆を水にひたす
大豆を1時間ほど水にひたす。

こげないようにゆすりながら火を通すことを「いる」っていうんだ。

2 強火でいる
水気をよく切ってからフライパンに入れ、強火でいる。

3 弱火でいる
豆がかわいてきたら弱火にして、さらに15分ほど、まぜながらいる。

大豆には魔よけの力が!?

節分で、「おには外、福は内」というかけ声とともにまく豆は、たいてい大豆だね。昔から、大豆には魔よけの力があると考えられていたんだ。年の数だけ大豆を食べると、1年を健康にすごせるといわれているよ。

18

いり豆がさらにへんしん！
粉にする きな粉

きな粉は健康にいいと大人気なんだよ！

きな粉は大豆をいって、さらに粉にしたもの。大豆を皮ごと粉にするから、食物せんいもたっぷりとれるよ。

お好みで塩や砂糖を入れてね。

きな粉のできあがり！

スタート！

1 大豆をいる
10〜15分くらい！
大豆をフライパンに入れ、中火でこがさないように、まぜながらいる。

2 粉にする
細かくなれ〜！
少し冷ましてからフードプロセッサーやミキサーにかけて、粉にする。

3 ふるう
粉にした大豆をふるいにかけて、かすを取る。

大豆の種類やいりかたできな粉の色がかわるよ。

きな粉がさらにへんしん！

きな粉牛乳
豆乳やヨーグルトやお湯にとかしてもおいしいよ！

きな粉ねじり
きな粉と砂糖と水あめを練って固めたおかし。

きな粉いろいろ！

* **こがしきな粉** 
大豆を長めにいったきな粉。

* **黒豆きな粉** 
黒大豆をきな粉にしたもの。

* **うぐいすきな粉**
青大豆をきな粉にしたもの。

19

へんしん！ 煮る

煮豆

和食はもちろん、スープやサラダにも大かつやく！

大豆を水でもどしてからやわらかく煮る煮豆。味つけすれば、おいしい煮豆料理ができるよ。

熱いので気をつけて！

はしでつまんでつぶれるくらいふっくらしたら OK！

煮豆のできあがり！

スタート！

1 大豆を水にひたす

大豆を水にひとばんつけて、水をすわせておく。

おやすみなさい…。

2 煮る

アクが出たら取りのぞくよ！

なべに大豆と水を入れ、強火で煮る。ふっとうしたら弱めの中火にして 30 分〜 1 時間煮る。

ぐつぐつ

大豆がいつもお湯をかぶっているよう、お湯が少なくなってきたらたす。

便利な水煮も発見！

大豆は、料理に使うために水にひたしたり、煮たりしなければならず、手間も時間もかかる。そこで、すぐに使えるように、やわらかく煮た水煮大豆も売られているよ。

へんしん！
油をしぼり取る
大豆油

大豆はしぼると油もとれるんだ。
大豆油は、ドレッシングや天ぷらに使われたり、マーガリンやマヨネーズの原料になったりするんだよ。

食用油いろいろ

食用の油は、大豆やとうもろこし、菜種、ひまわりなどの種をしぼって作られる。日本では、大豆油は菜種油の次に多く作られているよ。

天ぷら

名　　称：食用大豆油
原材料名：食用大豆油
内 容 量：500g
賞味期限：枠外に記載
保存方法：常温、暗所保存
製 造 者：理研農産化工株式会社
　　　　　福岡工場

食用油のラベルを見ると、大豆からしぼったことがわかるね。

大豆油が
へんしん！

サラダのドレッシング

しぼったあともかつやく！

油をしぼったあとのかすは、家畜のえさになったり、肥料に使われたりするよ。

マヨネーズ

こんなところにも
ボクらが
使われているよ！

21

育てかたでへんしん！

早めに収穫する
枝豆

枝豆も大豆だって知ってた？
枝豆と大豆は、じつは収穫する時期がちがうんだ。

枝豆として食べるために栽培するときは、枝豆用の品種を使うよ。

枝豆のできあがり！

これがふつうの大豆。

若くて水分の多い大豆。花がしぼんでから1か月くらいが枝豆の食べごろ。

今だ!!

スタート！

① 花が咲く → ② 小さな実がつく → ③ 収穫！

枝豆がさらにへんしん！

★ずんだもち
枝豆をゆでてつぶし、砂糖をまぜて作った「ずんだ」を、もちにまぶして食べるよ。

★ひたし豆
かためにゆでた枝豆をだしにひたす。

★枝豆ごはん
ゆでた枝豆をたきたてのごはんにまぜる。

育てかたでへんしん！
暗いところで育てる 豆もやし

大豆以外の豆からできるもやしもあるよ！

豆もやしも、じつは大豆からできているんだ。
大豆のもやしには、たんぱく質がたくさんふくまれていて、栄養もたっぷり。

スタート！

しめらせた綿をお皿にしくよ。

1 水にひとばんひたした大豆を使うよ。
暗いところに置いておく

2 ぬるぬるしてきたら、やさしく水あらい！
ニョキッ
芽が出る

3 収穫！
5〜10cmほどのびたら豆をつけたまま収穫！
ニョキニョキッ

のびた！
豆もやしのできあがり！

豆もやしがさらにへんしん！

＊ナムル
韓国料理のナムルやビビンパの具に使われているよ。

＊焼きそば
めんとの相性もバッチリ！

＊野菜いため
いためてもおいしいよ！

23

食べものの豆ちしき 2

世界のとうふ料理や豆料理

🫘 中国

マーボーどうふ

ひき肉、ねぎ、しょうがなどととうふを、ピリ辛に味つけした中華料理。中国ではいろいろなとうふが作られているよ。

マーボーどうふは日本でも大人気！

🫘 インドネシア

テンペ・ゴレン

大豆を発酵させて作ったテンペを、油であげた料理。テンペは、生で食べたりあまからく味つけして食べたりと、インドネシアで人気の食べものだよ。納豆に似てるけど、強いにおいやねばりはないよ。

🫘 アメリカ

とうふバーガー

アメリカでもヘルシーなとうふは大人気。肉のかわりにとうふを使っているハンバーガーだよ。

ワオ！

大豆をはじめとする、いろいろな豆を使った食べものは、
世界各地で食べられている。
どんな料理があるのかな？

🟡 … 大豆マーク
🟢 … そのほかの豆マーク

🟢 フランス　カスレ

カソールという素焼きのなべで、いんげん豆と肉をいっしょに煮こんだ伝統の豆料理。

🟢 イタリア　ミネストラ

ハーブや野菜といっしょにレンズ豆を煮こんだ料理。

🟢 ハンガリー　グヤーシュ

牛肉と野菜を煮こんだスープ。豆のグヤーシュは、栄養たっぷりだよ。

🟢 トルコ　メルジメッキ・チョルバス

赤レンズ豆のスープ。トルコでは、おなじみのスープ。日本のみそ汁みたいなものだよ。

🟢 エジプト　ターメイヤ

そら豆のコロッケ。エイシといわれる丸いパンに入れて食べることが多いよ。

ボクたち、世界の人気者。

25

菌の力で大へんしん！
こうじ菌や納豆菌でパワーアップ！

菌っていうと、悪者のイメージがあるかな？ ところが、中には大豆をおいしくへんしんさせてくれる、すごい菌たちがいるんだ！

大豆にこうじ菌を加えると

しょうゆにへんしん！
↳28〜31ページ

しょうゆは、蒸した大豆と、いった小麦に、こうじ菌をまぜて作る調味料だよ。

「大豆からどうやってこんなこい色にかわるのかな？」

しょっぱそう。

「大豆のほかに米や大麦も使うよ。」

いいかおり。

みそにへんしん！
↳32〜35ページ

昔からの日本の食事といえば、ごはんにみそ汁。このみそ汁に使うみそも、蒸した大豆にこうじ菌をまぜて作られるよ。

大豆に納豆菌を加えると

納豆にへんしん！
↳36〜39ページ

納豆は、蒸した大豆に納豆菌をまぜて作られる。どうやってネバネバにへんしんするのかな？

もともと栄養たっぷりの大豆だけど、納豆菌の力で、栄養もおいしさもさらにパワーアップするよ！

ねばーっ

いろんな納豆があるんだね。

こうじ菌と納豆菌って、どんな菌？

こうじ菌

コウジカビといって、カビのなかまだよ。大豆を分解して「うまみ」や「甘み」を作ってくれるんだ。しょうゆやみそ、甘酒などにも使われるよ。

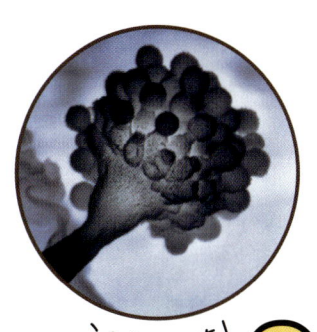

こんなかたち！

納豆菌

日本ではいねのわらなどによく見られる細菌のなかま。大豆を納豆にへんしんさせ、とくちょうのあるにおいとネバネバを作るはたらきがあるよ。

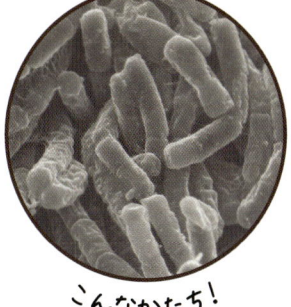

こんなかたち！

たのもしいな！

27

へんしん！
こうじ菌の力をかりる 1
しょうゆ

日本が世界にほこる調味料のしょうゆ。
すっかり大豆の面影はないけれど、
これも大豆がへんしんしてできたものなんだ。

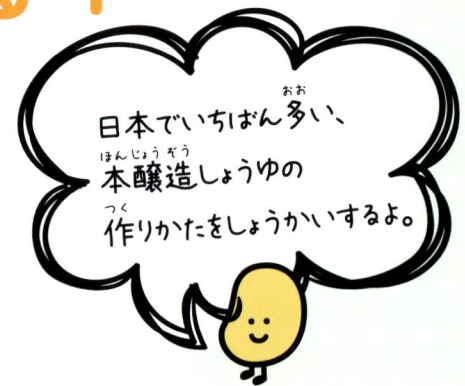

日本でいちばん多い、本醸造しょうゆの作りかたをしょうかいするよ。

スタート！

ジャラーッ

1 小麦をいってくだく
こうばしくいった小麦を、機械に入れてくだく。

ここへ入れるよ。

2 小麦にこうじ菌を入れる
くだいた小麦を広げて、しょうゆ用の種こうじ菌を入れる。

まざった！
ザバッ

4 大豆に小麦を加える
かまの中でそのまま大豆を冷まし、そこに小麦を加えて、まぜあわせる。

ようやくボクの出番。

3 大豆を蒸す
大豆は、たっぷりの水にひとばんつけてから、大きなかまで蒸す。

暗いこの中だよ！

6 もろみを作る
できあがったしょうゆこうじに食塩水をまぜて「もろみ」を作るよ。

もろみを入れたタンクの中
しょうゆの色やかおり、味が作られていくよ。

これで、しょうゆのもと「しょうゆこうじ」の完成！

とちゅうで何度かかきまぜるよ！

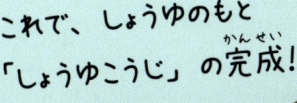

5 発酵させる
まぜあわせた大豆と小麦を、高温・高湿度の「こうじむろ」とよばれる部屋で、約3日間発酵させる。 

しぼったばかりのしょうゆを「生あげじょうゆ」とよぶよ。

7 もろみをしぼる
熟成したもろみを布に包んで、しぼり機でしぼるよ。上からゆっくり圧力をかけてしぼると、下から「生あげじょうゆ」が出てくるんだ。

火入れは、殺菌と、しょうゆのかおりや味をととのえて、安定させる役割があるよ。

しょうゆの できあがり！

8 火入れ
「生あげじょうゆ」を3、4日置いて、上部にあるしょうゆを取り出して加熱する。

29

ずかん

しょうゆいろいろずかん

ひとくちに「しょうゆ」といっても、その種類はいろいろある。色のこいものやうすいもの、味のこいものやうすいもの……。いろいろなしょうゆを見てみよう！

かおりもちがうよ！

※JAS（日本農林規格）による。

しょうゆの種類

❋ こい口しょうゆ

日本で使われているしょうゆの8割がこれ。いろいろな料理に向いている。かおりが強いよ。

和風の味ならまかせて。

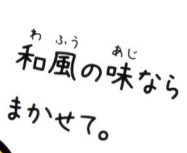

❋ うす口しょうゆ

色がうすく上品なかおり。素材の色をいかす関西料理に使われる。塩分はこい口しょうゆより多い。

❋ たまりしょうゆ

コクのある、とろりとしたしょうゆ。さしみや照り焼きに向いている。せんべいにも向いているよ。

❋ 再しこみしょうゆ

「甘露じょうゆ」ともよばれる、味も色もこいしょうゆ。できあがったしょうゆにこうじを加え、さらに発酵させる。

❋ 白しょうゆ

うす口しょうゆより、さらに色のうすいしょうゆ。うまみは少ないけれど、糖分が多い。

ずかん

しょうゆのなかまたち

しょうゆ味をベースにした調味料もたくさんあるよ。しょうゆのなかまたちをしょうかいするね。

✻ 減塩しょうゆ

塩分のとりすぎを気にする人のために、塩分を少なくしたしょうゆ。ふつうのしょうゆを作ってから、塩分をへらして作る。

✻ ポン酢しょうゆ

しょうゆに酢やゆず、かぼすなどのかおりの高い柑橘類、うまみなどを加えたもの。

✻ だし入りしょうゆ

しょうゆに、こんぶやかつお節などのうまみをまぜた調味料。

✻ たれ類

しょうゆに香辛料やうまみなどを加えた調味料。焼き肉やかば焼き、焼き鳥などに使う。

✻ つゆ類

しょうゆにみりんや砂糖、うまみを加えたもの。めん類や天ぷらのつゆ、煮ものに使う。

お手軽でおいしいよね。

しょうゆの品質基準

JAS（日本農林規格）では、しょうゆの品質を色度、全窒素分、無塩可溶性固形分などによって3段階に分けている。ラベルを見るとのっているよ。

へんしん！
こうじ菌の力をかりる 2
みそ

時間をかけて作っているよ！

昔から日本で使われているみそも、大豆がへんしんしてできたもの。
そのほかの原料には、米や麦を使うよ。
ここでは、米を使ったみそ作りを見てみよう！

両方からスタート！

1 大豆を蒸す
大豆はよく洗って、水にひたし、大きなかまで蒸す。

ラーメンみたい…。 にゅるーん

2 大豆を細かくする
あら熱を取ってから、大きな機械でくだく。

1 米を蒸す
米は洗って水にひたし、蒸す。

米の温度が下がりすぎないよう、手早くまぜるよ！ 手早い！

2 米にこうじ菌をまぜる
こうじ菌を、冷ました米全体に、まんべんなくまぶしたら、「こうじむろ」で発酵させる。

全体を均一に熟成させるために、とちゅうで何度かかきまぜるよ。

4 発酵・熟成させる

大きなたるに入れ、重しをのせて、太陽の光があたらない場所で、数か月から1年ねかせて熟成させる。

5 たるから取り出す

たるからみそをほり出して取り出す。

3 材料をまぜる

くだいた大豆と米こうじ、塩をまぜ合わせる。

ここで合体！

6 容器につめる

機械でみそを容器につめていくよ。中ぶたも、外ぶたも、ラベルも、全部機械でできるんだ。

ウィーン

米こうじ

ジャーーーン！！

約ふつか間ねかせると…
米こうじが完成！

みそのできあがり！

大豆と米こうじの割合はいろいろあるよ！

ずかん

みそいろいろずかん

みそは、原料や菌の種類、作る土地の気候条件によって、
いろいろな色や味、かおりになるよ。
どんなみそがあるか見てみよう！

知っているみそはどのくらいあるかな？

みその種類

✻ 米みそ
原料は大豆＋米＋塩。
いちばん広く作られているみそ。白みそもこのなかまだよ。

✻ 豆みそ
原料は大豆＋塩。
中部地方などで作られている、黒っぽいみそ。

✻ 麦みそ
原料は大豆＋麦＋塩。
中国、四国、九州などで作られている。

✻ 調合みそ
米みそ、豆みそ、麦みそを2種または3種あわせたもの。米こうじ、豆こうじ、麦こうじをまぜて作る調合みそもある。

34

ずかん

日本各地のみそいろいろ

✻ 八丁みそ 〔豆みそ〕
愛知県産で、赤褐色の辛口みそ。原料は大豆だけ。濃厚なうまみがある。

✻ 仙台みそ 〔米みそ〕
宮城県産の辛口の赤みそ。伊達政宗が御塩噌蔵とよばれるみそ醸造所で作らせたものにならっている。

✻ 越後みそ 〔米みそ〕
新潟県を代表する赤色で辛口のみそ。米つぶがみその中にういたように見えるのがとくちょう。

✻ 信州みそ 〔米みそ〕
長野県を中心に作られている、うすい茶色の辛口みそ。

✻ 西京みそ 〔米みそ〕
関西地方を中心に作られている、白っぽい甘口のみそ。熟成期間が短いので長期保存はできない。

✻ 九州みそ 〔麦みそ〕
九州地方で作られる甘口のみそ。温暖な気候のため、熟成期間が短い。麦つぶが残っているのがとくちょう。

みそのなかまたち

✻ 金山寺みそ
調味料ではなく、ごはんや野菜につけて、そのまま食べるみそ。大豆、麦、野菜などから作られ、熟成期間も短い。

✻ もろみみそ
大豆や米、麦などから作ったこうじを、塩水につけて熟成させたやや甘口のみそ。野菜と食べたり、調味料として使ったりする。

✻ だし入りみそ
みそ汁を作るのに便利なみそ。みそにこんぶやかつおなどのエキス（天然調味料）をまぜたものや、うまみ調味料をまぜたものなどがある。

今日のみそ汁はどれを使おうかな？

へんしん！
納豆菌の力をかりる
納豆

ネバネバの納豆も、大豆からできているよ。
大豆が「納豆菌」の力で消化されやすくなって、ますます体によくなるへんしんなんだ。

ごはんにあうよね！

スタート！

おやすみー。

1 大豆を水につける
大豆は洗ってひとばん水につけておく。

熱いから気をつけて。

3 大豆を取り出す
蒸し上がった大豆をかまから出して、手早く広げる。

2 大きなかまで蒸す
蒸すことで、大豆のうまみをとじこめるよ。

4 納豆菌をつける

大豆が熱いうちに、納豆菌をふりかける。納豆菌が全体に広がるように、すばやくまぜあわせるよ。

かけまーす!

↑納豆菌

ここではまだねばりのない パラパラした大豆なんだ!

納豆菌がどんどんふえて、味やねばりが出てくるよ!

5 容器につめる

大豆を納豆の容器につめる。

暑い部屋だけど、おいしくなるためにがまんがまん……。

6 発酵・熟成させる

40～42度の部屋の中で、18時間くらい置いておく。この温度は、納豆菌が元気になる温度で、発酵が進むんだ。

包装したら、お店へ出発!

ネバネバにへんしん大成功!

納豆のできあがり!

ずかん

納豆 いろいろずかん

納豆といっても、糸を引くものもあれば、引かないものもあるよ。
納豆菌とはべつの菌の力をかりている納豆もあるんだよ。

大きさのちがい

✲ 小つぶ納豆
小つぶの大豆を使って作るよ。日本でいちばん食べられている納豆。

✲ 極小つぶ納豆
小つぶよりさらに小さな大豆で作る納豆だよ。

✲ 大つぶ納豆
大つぶの大豆を使って作る納豆。ふっくらとした豆の食感が楽しめる。

✲ ひきわり納豆
大豆をあらくくだいて作られた納豆。つぶの納豆にくらべて発酵が早い。

かんそうさせた納豆

✲ 干し納豆
納豆に塩をまぶし、10日くらいねかせてから、カラカラになるまでかんそうさせたもの。長く保存できる。

✲ ドライ納豆
納豆を油であげて、かんそうさせたもの。ネバネバ感やにおいがなく、納豆が苦手な人でも食べやすい。

そのまま食べるほか、お茶づけやサラダに入れてもおいしいよ！

納豆なのにネバネバしてない。

ずかん

菌がちがう納豆

✳ 寺納豆
こうじ菌で発酵させ、熟成させた納豆。ネバネバはなく、みそのような味。寺で作られていたことからこうよばれる。

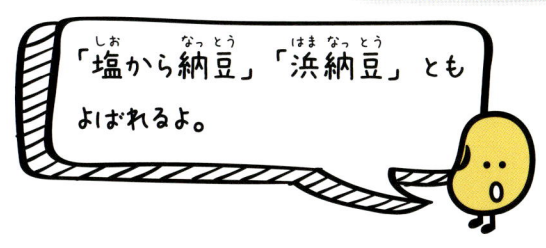

> 「塩から納豆」「浜納豆」ともよばれるよ。

✳ 五斗納豆
ひきわり納豆に米こうじと塩をまぜて、長いあいだ熟成させて作る。塩味が強く、とてもネバネバしている。山形県では昔から保存食として作られている。「雪割納豆」ともよばれるよ。

> ごはんにのせたりおにぎりに入れたりするとおいしいよ！

大豆がちがう納豆

✳ 黒豆納豆
黒豆（黒大豆）を使って作った糸を引く納豆。

> ぼくも納豆になれるんだ…。

外国の納豆

✳ テンペ
インドネシアで食べられている納豆。ゆでた大豆を、テンペ菌で発酵させたもの。うすく切って、油であげたり、いためたりして食べる。

> テンペ菌はハイビスカスの葉についているんだって。

こんなところにも、納豆発見！

✳ わら納豆
昔ながらの納豆。わらにいる天然の納豆菌だけを使って作られるよ。

※培養された納豆菌で作られた、容器だけわらの納豆もある。

✳ 納豆パン

✳ 納豆アイス

✳ 納豆ふりかけ

> ふりかけやアイスまであるんだ〜。

食べものの豆ちしき 3

いまどきの大豆へんしんニュース

大豆が肉にへんしん!?

大豆ミート

油をしぼった大豆を熱して、圧力を加え、かたちをととのえたもの。そのまま使うタイプと、お湯でもどすタイプがある。かみごたえはまるでお肉！

大豆ミートのからあげ

大豆ミートのミートソース

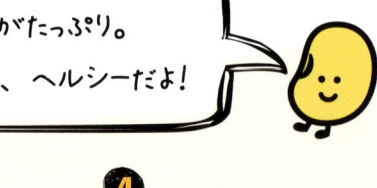

大豆ミートのハンバーグ

食物せんいがたっぷり。肉にくらべて、ヘルシーだよ！

大豆ミート（かんそうタイプ）の使いかた

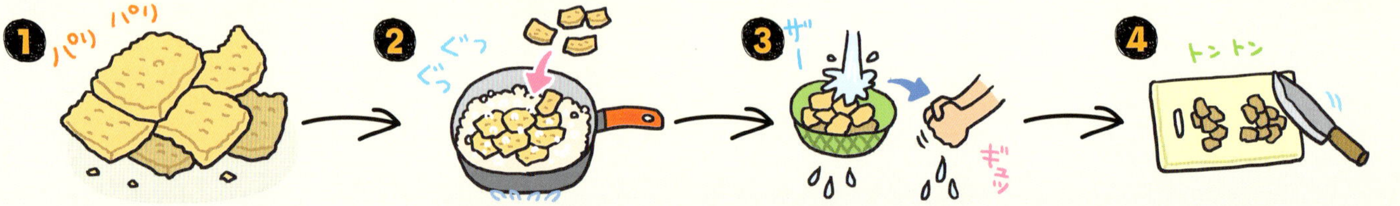

1. パリパリ　かんそうした大豆ミート
2. ぐつぐつ　お湯でもどす
3. ザー　水洗いしてしぼる　ギュッ
4. トントン　使うサイズにカットする

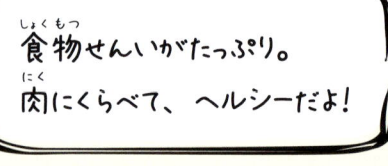

昔からいろいろなへんしんをしてきた、大豆。
最近はどんなへんしんをしているのかな？

ボクも
びっくり!?

大豆が パンやクッキーに へんしん!?

大豆粉

大豆をいってから粉にしたものがきな粉だけど、大豆粉は、生の大豆を少し加熱してくだいて粉にしたものだよ。小麦粉のように、パンやめん、おかしなどにへんしんできるんだ。

大豆粉パン

大豆粉のお好み焼き

大豆粉めん

小麦粉よりも栄養がたっぷりなんだ！

41

大豆のほかにもあるよ！
へんしんする豆

豆のなかまは大豆だけじゃない。
日本にも世界にも、たくさんの種類の豆があるよ。
そしてさまざまなものにへんしんするんだ。

いんげん豆

いろいろな色やもようがあり、それぞれ名前がつけられている。世界中で食べられている豆だ。日本では北海道でたくさんとれるよ。

金時豆
赤色と白色があり、赤色の大正金時がいちばんの人気。大つぶで、煮豆や洋風の煮こみ料理に使われる。

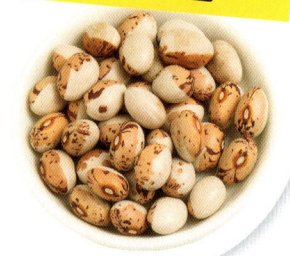

とら豆
とらのようなもようがとくちょう。やわらかくて煮えやすく、ねばりがあっておいしい。

「煮豆の王さま」とよばれているよ。

白花豆
つぶが大きく、煮てもかたちがくずれない。煮豆や甘納豆、白あんの原料にも使われている。ほくほくしている。

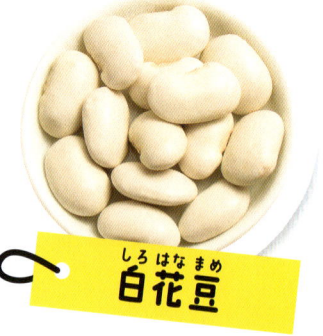

うずら豆
うす茶色に赤むらさき色のもようがうずらのたまごに似ている。煮豆や甘納豆に使われる。

むらさき花豆
大つぶでむらさき色のいんげん豆。煮豆や甘納豆に使われる。

いんげん豆がへんしん！
煮豆　　白あん

42

えんどう豆

「赤えんどう豆」と「青えんどう豆」があるよ。

赤えんどう豆
塩ゆでして、みつ豆や豆大福などのおかしに使われることが多い。
へんしん！ → みつ豆

青えんどう豆
おかしやおつまみなど、いろいろな料理に使われている。
へんしん！ → 豆ごはん

そら豆

完熟させてかんそう豆にする品種と、やわらかいうちに収穫して食べる品種がある。かんそう豆は、煮豆やおかしなどに使われるよ。

かんそうそら豆

生そら豆

へんしん！ → そら豆のトマト煮

どうちがう？ えんどう豆とさやえんどう

えんどう豆とさやえんどうは、名前は似ているけれど、品種がちがうよ。えんどう豆は、さやはかたくて食べられないけれど、さやえんどうは、豆が育ちきらないうちにさやごと食べられるんだ。

ひよこ豆（ガルバンソー）

ひよこを思わせるかたちからこの名前がついたんだ。シチューやスープ、サラダなどに使われるよ。

へんしん！ → ひよこ豆のサラダ

レンズ豆

平べったい円盤のようなかたちの豆。早く煮え、カレーやスープ、シチューなどに使われるよ。

へんしん！ → レンズ豆のシチュー

43

へんしんする豆

小豆(あずき)

小豆は、皮がうすく、煮てもねばりが出ないので、和がしには欠かせないあんこの材料に使われてきたよ。

もう少しつぶしたあんを、「つぶしあん」とよぶこともあるよ。

つぶあんより、ひと手間よけいにかかっているんだよ。

つぶあん
小豆をゆで、さらに砂糖を加えて煮たもの。つぶつぶした食感が魅力。

こしあん
やわらかく煮た小豆を、すりつぶしてからこし、皮などを取りのぞいて練り上げ、砂糖を加えて煮たもの。

さらしあん
砂糖を加える前のこしたあんを、干してかんそうさせて粉にしたものだよ。使うときは、水にさらしてから布でしぼると生あんになるよ。

あんこがさらにへんしん！

★おはぎ あんこの中にごはんが入っているよ。

★ようかん あんこをかんてんで固めたおかし。

★たい焼き たいのかたちに焼いた生地の中にあんこが入っているよ！

おいしそうだね！

へんしんする豆

緑豆
りょくとう

緑豆は小豆に近いなかま。別名青小豆という。日本ではもやしの原料として使われることが多く、ほとんどを中国から輸入しているよ。中国では、緑豆を原料にして緑豆春雨が作られている。

緑豆春雨
りょくとうはるさめ

緑豆からでんぷんだけをとり出して、お湯に入れてまぜると春雨の生地ができる。それを細いあなからおし出して、めんのようにしてかんそうさせるんだ。もともとは中国で作られた「とうめん」といわれているもの。

へんしん！

＊春雨サラダ

春雨は、すき焼きや酢のもの、サラダなど、使い道いろいろ。

23ページでしょうかいした大豆もやしや、ブラックマッペもやし、アルファルファもやしなどもあるよ。

緑豆もやし
りょくとう

緑豆を暗いところで発芽させたもの。日本で売られているもやしの8割以上が緑豆もやしだよ。

へんしん！

＊もやしいため

いためものや焼きそばなどで大かつやく！

45

発表のアイディアをまとめよう！

友だちの前で発表してみよう！

この本を読んで、大豆がいろいろなものにすがたをかえていることがわかったね。
わかったことを自分なりに図や表にして、まとめてみよう。

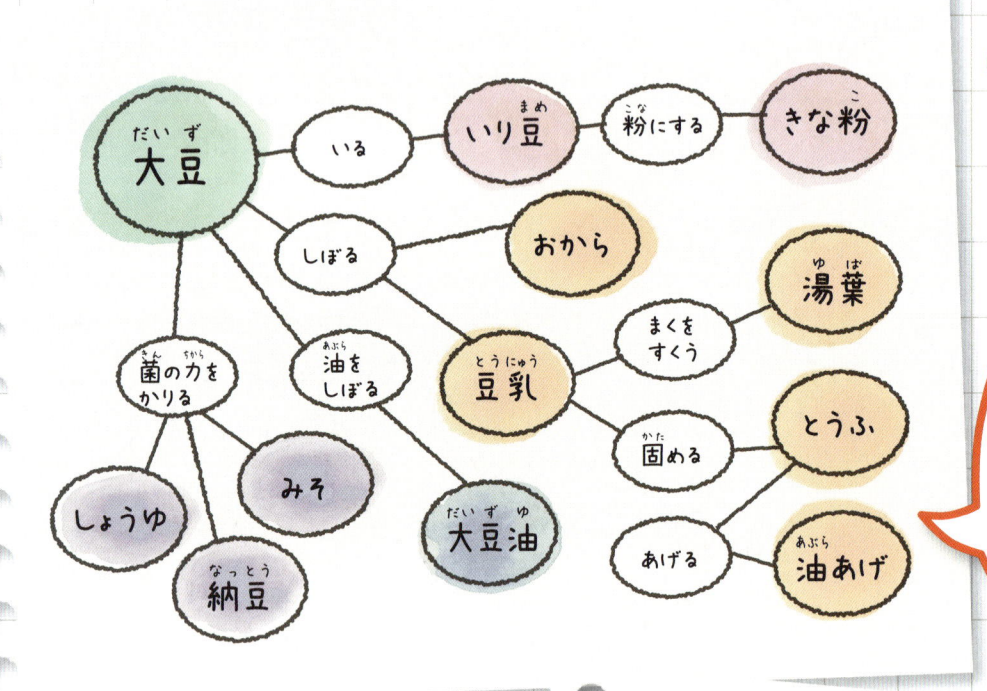

例1
大豆のへんしんを図にしてみよう！

- 大豆 → いる → いり豆 → 粉にする → きな粉
- 大豆 → しぼる → おから
- 大豆 → 菌の力をかりる → しょうゆ／みそ／納豆
- 大豆 → 油をしぼる → 大豆油
- 大豆 → 豆乳 → まくをすくう → 湯葉
- 豆乳 → 固める → とうふ
- 豆乳 → あげる → 油あげ

POINT
線でつないでいくとへんしんの広がりかたがわかりやすくなるよ。

例2
さらにへんしんした例を、自分でも見つけて書いてみよう！

POINT
文字だけでなく、イラストにしてみるとイメージが伝わりやすいよ。

- とうふ → あげ出しどうふ
- とうふ → とうふドーナッツ
- 油あげ → いなりずし
- みそ → みそ汁
- みそ → 野菜のみそいため

46

例3 大豆のへんしんのとくちょうを調べて、表にまとめてみよう！

> **POINT**
> へんしんの方法や、ほかの料理への使いやすさ、さらにへんしんした例などを書き出して、くらべてみよう。

へんしんしたもの	へんしんの方法	ほかの料理への使いやすさ	さらにへんしんした例
とうふ	しぼって固める	○	あげ出しどうふ、マーボーどうふ
油あげ	とうふをあげる	○	いなりずし、みそ汁の具
きな粉	いり豆を粉にする	○	きな粉牛乳、きな粉ねじり
大豆油	油をしぼり取る	◎	天ぷら、ドレッシング、マヨネーズ
枝豆	早めに収穫する	○	ずんだもち、ひたし豆、枝豆ごはん
しょうゆ	こうじ菌の力をかりる	◎	煮もの、いためものなど
みそ	こうじ菌の力をかりる	◎	みそ汁、いためものなど
納豆	納豆菌の力をかりる	○	納豆ふりかけ、納豆パン

考えをまとめたら、わかりやすく伝えよう！

発表をするときは、聞く人にわかりやすいように、次の点に注意して話をしよう。

1. じゅんじょだてて、一文一文、短く切って話そう。
2. 声は大きく、話すスピードが速すぎないように気をつけよう。
3. もぞう紙などを見せるときは、どの内容か、さしながら話そう。
4. 聞いている人にきちんと伝わっているか、ときどき確認しよう。

NDC 596
監修：香西 みどり（お茶の水女子大学 教授）
すがたをかえる食べもの　全7巻
❶大豆がへんしん！

学研プラス　2016　48P　28cm
ISBN　978-4-05-501166-2　C8377

- 装丁　　　　　齋藤友希
- キャラデザイン　猿渡重雄
- 表紙撮影　　　中島繁樹
- 本文撮影　　　泉山美代子　中島繁樹
- 本文イラスト　小坂タイチ　みやかわさとこ　小坂菜津子
- 本文デザイン　齋藤友希　佐野沙希　小島佳子
- 原稿執筆　　　なかのひろみ
- ＤＴＰ　　　　Studio Porto
  　　　　　　　有限会社 新榮企画
- 編集協力　　　株式会社アルバ
- 取材協力　　　とうふ処 利兵衛庵

- 写真提供　上野とうふ店、気軽な大衆居酒屋あじ平、燻り豆腐母袋工房、南国食堂ちむどんどん、有限会社上田湯葉店、つくる楽しみ、フジッコ株式会社、株式会社富澤商店、キッコーマン株式会社、ミツカングループ、谷川醸造株式会社、しょうゆ情報センター、ツルヤ味噌株式会社、有限会社高丸食品、納豆学会、株式会社保谷納豆、みやげ屋風月堂、株式会社小杉食品、株式会社みなり、マルコメ株式会社、マルサンアイ株式会社、有限会社日本クラシア・フードサプライ、株式会社アフロ、株式会社エヌエヌピー

- 参考文献　なっとうの絵本、ダイズの絵本、とうふの絵本、おもしろふしぎ日本の伝統食材 だいず（すべて農文協）、科学のアルバム ダイズ（あかね書房）、ポプラディア（ポプラ社）、身近な食べもののひみつ（学研プラス）

すがたをかえる食べもの
❶大豆がへんしん！

2016年2月23日　初版発行
2025年8月6日　第12刷発行

- 監　修　　香西 みどり（お茶の水女子大学 教授）
- 発行人　　川畑勝
- 編集人　　志村俊幸
- 編集担当　八巻明日香　小島鳩子
- 発行所　　株式会社Gakken
　　　　　　〒141-8416　東京都品川区西五反田2-11-8
- 印刷所　　TOPPANクロレ株式会社
　　　　　　RGコンテナー株式会社

●この本に関するお問い合わせ先
本の内容については、下記サイトのお問い合わせフォームよりお願いします。
　　https://www.corp-gakken.co.jp/contact/
在庫については　　Tel 03-6431-1197（販売部）
不良品（落丁、乱丁）については　Tel 0570-000577
　　学研業務センター　〒354-0045 埼玉県入間郡三芳町上富279-1
上記以外のお問い合わせは　Tel 0570-056-710（学研グループ総合案内）

©Gakken
本書の無断転載、複製、複写（コピー）、翻訳を禁じます。
本書を代行業者等の第三者に依頼してスキャンやデジタル化することは、たとえ個人や家庭内の利用であっても、著作権法上、認められておりません。
複写（コピー）をご希望の場合は、下記までご連絡ください。
日本複製権センター　　http://www.jrrc.or.jp　　E-mail：jrrc_info@jrrc.or.jp
Ⓡ＜日本複製権センター委託出版物＞

学研グループの書籍・雑誌についての新刊情報・詳細情報は、下記をご覧ください。
学研出版サイト　https://hon.gakken.jp/